Snapchat, WhatsApp & Instagram

Von Thomas Feibel
mit Bildern von Sebastian Coenen

LASS UNS SNAPPEN, TEXTEN, POSTEN

WhatsApp (sprich Wotz-Äpp) ist die absolute Lieblingsapp von Tammy. Damit kann sie ihren Freunden schreiben, Sprachaufnahmen oder Fotos senden. Wenn sie mal nicht mehr weiß, welche Hausaufgaben sie aufbekommen hat, fragt sie per WhatsApp bei Lenny oder in der WhatsApp-Gruppe ihrer Klasse nach. Selbst ihre Eltern benutzen WhatsApp. Das ist praktisch. Wenn sie mal den Bus verpasst, sagt sie ihren Eltern schnell Bescheid. Manchmal aber stört WhatsApp auch. Etwa wenn Tammy lesen, lernen oder schlafen will und dann eine Nachricht nach der anderen mit lautem Pling kommt. Das nervt.

Lenny findet **Snapchat** (sprich: Snäptschät) toll. Mit dieser App sendet er Bildnachrichten an Freunde, um sie zum Lachen zu bringen. Mit den Filtern (Lenses) macht er Fotos von sich mit Schlabberzunge und andere Quatschbilder. Oder er nimmt ein Video auf, in dem er ein süßes Reh mit verzerrter Stimme ist. Fast täglich gibt es neue Lenses, darum wird Snapchat nie langweilig.

So schräge Aufnahmen von sich zu machen traut Lenny sich, weil die Bilder von den Smartphones der anderen nach wenigen Sekunden automatisch verschwinden. Das ist sehr beruhigend.

Instagram (sprich Instagrähm) ist die beste App der Welt, findet Gina, denn sie erhält direkt unter ihren geposteten Fotos oft Lob und Herzchen – das ist fast wie Beifall. Und da ihr Profil öffentlich gestellt ist, kommt der nicht nur von ihren Instagram-Freunden, sondern auch von Unbekannten. Die Fotos verschwinden nicht automatisch, so kann sie jeder auch später noch ansehen. Instagram nervt Gina nicht durch Gebimmel und anderen schreiben kann sie damit auch. Für ihre Selfies stylt sie sich sorgfältig. Wenn Gina sich gerade nicht hübsch findet, bekommt sie allerdings ein mulmiges Gefühl. Sie weiß, dass gutes Aussehen eigentlich nicht so wichtig ist, aber auf Instagram-Fotos wollen trotzdem alle immer schön und cool rüberkommen und das stresst sie.

WAS IST EIGENTLICH INSTANT MESSAGING?

Instant Messaging (sprich: Instänt Messädsching) heißt auf Deutsch „sofortige Benachrichtigung". Die besonderen Nachrichten funktionieren mit speziellen Apps, das sind Programme (Applications), die auf Smartphones und meist auch auf Tablets funktionieren. WhatsApp und Snapchat sind solche Instant Messengers. Instagram begann damit, dass der Nutzer seine Fotos und Videos mit anderen Instagramern teilen konnte. Heute hat Instagram auch Messenger-Funktionen und die Nutzer schreiben sich damit Nachrichten.

Text   Fotos & Videos   Telefonie   Videotelefonie   Sprachnachricht

Wenn möglich, nutze das WLAN vor Ort. Denn im Grundpreis (Flatrate) deines Mobilfunkvertrags ist der Internetzugang oft begrenzt.

Die meisten Instant Messengers sind für Nutzer ab 13 Jahren erlaubt.

WARUM IST DAS ALLES KOSTENLOS?

WhatsApp, Snapchat und Instagram zu nutzen kostet kein Geld. Aber niemand weiß genau, was die Betreiber der Apps mit den Fotos und Mitteilungen machen, die du rumschickst. Vielleicht verkaufen sie die Informationen, weil sie zum Beispiel für Unternehmen wertvoll sind. Wenn die wissen, was du magst, können sie dir auf deine Interessen abgestimmte Werbung schicken. WhatsApp und Instagram gehören dem sozialen Netzwerk Facebook. Und wenn eine dieser Apps deine Meinung kennt, bekommst du vielleicht auf Facebook nur noch Berichte mit Informationen, die deine Meinung bestätigen und alles andere weglassen. Wenn du dich etwa für rot interessierst, würdest du dann keine Infos zu blau, gelb oder grün bekommen. Übertrage rot mal auf ein Produkt oder auf eine politische Partei, dann merkst du, dass dir wichtige Informationen fehlen und du auf diese Weise beeinflusst wirst.

Soziale Netzwerke sammeln die Informationen ihrer Nutzer und erfahren so eine Menge über dich: deine Vorlieben, deine Freunde und Interessen.

WIE DU DICH UND DEINE DATEN SCHÜTZT

Du malst ein Bild und legst es in eine Schublade. Keiner außer dir hat es gesehen. Es bleibt privat. Diese Gewissheit gibt es im Netz nicht. Deine Bilder können dort beobachtet werden. Was du im Netz von dir zeigst, ist nicht privat.

Alles, was du über Instant Messengers und soziale Netzwerke mit anderen teilst, ist nicht vor fremden Blicken sicher.

Mach es Fremden schwerer, an deine Informationen zu kommen, indem du dich nur mit Freunden vernetzt, die du kennst und mit denen du in Kontakt sein möchtest. Auch ein Blick in die Sicherheitseinstellungen lohnt immer wieder: Bei Instagram stellst du beispielsweise auf „Privates Konto", damit nur von dir bestätigte Freunde deine Einträge sehen. Damit bei WhatsApp, Snapchat und Instagram nichts schiefgeht, solltest du außerdem ein paar wichtige Hinweise beachten.

ZUR SICHERHEIT – DAMIT NICHTS SCHIEFGEHT

- Ich richte mir einen geheimen Code ein, damit niemand außer mir mein Smartphone bedienen kann.

- Dieses Passwort ist wie mein Hausschlüssel. Ein gutes Passwort besteht aus 12 Zeichen, aus Groß- und Kleinbuchstaben, Zahlen und Symbolen wie # oder *. Ich kann auch die 3 durch ein E und die 5 durch ein S ersetzen. Oder ich erstelle mir mit dem Passwortschlüsselautomaten ein sicheres Passwort.

Den Passwortschlüsselautomaten findest du unter www.surfen-ohne-risiko.net

- Ich klebe meine Smartphone-Kamera ab, damit ich nicht von Einbrechern (Hackern) oder anderen Fremden auf meinem Gerät beobachtet werden kann.

- Ich checke mit meinen Eltern regelmäßig die Sicherheitseinstellungen der Apps. Manchmal ändert sich nach einer Aktualisierung (Update) etwas.

- Ich bin sparsam mit Informationen über mich, damit Apps, Firmen oder Fremde nicht zu viel über mich erfahren.

- Ich überlege mir genau, wem ich welche Fotos sende. Denn ich weiß nicht, was andere damit machen.

SICHER BEIM FOTOGRAFIEREN

Mit dem Smartphone zu fotografieren macht Spaß, weil du die Bilder gleich bearbeiten und bei Instagram posten oder sie per WhatsApp und Snapchat versenden kannst. Da du aber nicht weißt, was mit den Bildern im Netz geschieht, musst du dir genau überlegen, welche Fotos du postest, teilst oder versendest. Denk dran: Jeder Mensch hat das Recht am eigenen Bild. Du darfst deshalb von anderen Menschen ohne ihr Einverständnis kein Foto machen und es im Netz veröffentlichen.

DAS GEHT MIT FOTOS ...

Wenn die anderen damit einverstanden sind, darfst du sie fotografieren, sonst nicht.

Selfies: Du bestimmst, wie du dich zeigen willst.

Tiere kannst du ja nicht fragen, du kannst sie deshalb immer fotografieren.

Eigene Fotos können Hausaufgaben und Präsentationen aufpeppen.

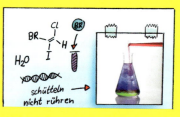

VORSICHT BEI FREMDEN

Im Internet weißt du nie, wer der andere ist. Bleibe bei allen Menschen, die du nicht persönlich kennst, misstrauisch. Denn jeder kann sich mit einem geklauten Foto, einem falschen Namen und Alter als jemand anderes ausgeben. Im Internet gibt es Erwachsene, die sich viel jünger machen, weil sie mit Kindern und Jugendlichen über Sex reden oder sie sogar dazu drängen wollen.

... UND DAS GEHT NICHT

Niemand darf heimlich fotografiert werden.

Keine Fotos von peinlichen Situationen, denn Fotos bleiben für immer im Netz und können dir und anderen schaden.

Versende keine zu albernen oder peinlichen Bilder von dir, denn vielleicht bereust du so ein Selfie schon morgen.

Versende niemals Bilder, auf denen du wenig oder gar nichts anhast.

Pass immer auf, wo du ein Selfie aufnimmst, damit es nicht dein letztes ist. Leider passieren jedes Jahr viele Unfälle, weil Menschen unvorsichtig sind. Sie fotografieren sich zum Beispiel am Rand einer Klippe und stürzen ab.

SNAPCHAT: DEINE MOMENTAUFNAHME

Mit der App Snapchat drückst du dich in Worten und Bildern aus. Der Name ist ein Wortspiel aus Snapshot (Schnappschuss) und Chat (Schwatz), also ein Schnappschwatz. Mitteilungen damit werden Snaps genannt.

Das Besondere an Snapchat: Die Bilder verschwinden. Zweimal dürfen sich die Empfänger deine Snaps ansehen, danach sind sie verschwunden. Macht jemand einen Screenshot (Bildschirmfoto) davon, teilt Snapchat dir das mit. Das hält viele davon ab – cool.

Der absolute Knaller bei Snapchat sind die witzigen Filter (Lenses), die täglich wechseln. Fotos und Videos kannst du bearbeiten, Filme in Zeitlupe, superschnell oder rückwärts ablaufen lassen oder die Stimme verzerren. Es gibt auch Werbe-Filter (Sponsered Lenses), zum Beispiel zu neuen Kinofilmen oder Sportereignissen.

WIE SICHER IST SNAPCHAT?

Da deine Snaps bei den Empfängern verschwinden, brauchst du nicht so viel Angst zu haben, dass du sie eines Tages bereust oder jemand etwas Fieses damit anstellt. Nur ist der lustige Instant Messenger trotzdem nicht so sicher, wie viele denken. Denn das Unternehmen muss die Bilder auf einem sehr leistungsstarken Computer speichern, damit andere sie überhaupt betrachten können. Wer sich mit der Technik gut auskennt, kann verschwundene Bilder wieder herstellen. Außerdem gibt es auch Apps, die Screenshots deiner Snaps machen, OHNE dass du es merkst.

> Tipp: Snaps zeigen manchmal etwas sehr Persönliches. Sollen diese Bilder wirklich andere sehen oder reicht es nicht auch, wenn du sie nur für dich abspeicherst?

Steckbrief Snapchat
Geboren: 2011, kostenlos
Alter: Ab 13 Jahren
Kennzeichen: Der Geist namens Chilla (nach dem Song „Ghostface Killah" vom Wu-Tang Clan)
Läuft auf: Smartphones und Tablets für Android und iOS, am PC bisher nur mit Tricks
Kann: Fotos und Videos mit Spezialeffekten, Videotelefonie, Textnachrichten
Wird genutzt von: Kindern, Jugendlichen, Erwachsenen, Stars, Unternehmen, YouTubern, Journalisten
Können mich Fremde kontaktieren: Ja, sei also vorsichtig. Wähle bei der Ortung Snap Map den Geistmodus!
Andere Blockieren: Möglich
Löschen: Durch das Verschwinden der Bilder nicht nötig
Konto löschen: Ja, das geht hier: accounts.snapchat.com
Meldefunktion: Ja, das geht über „Support" und „Report"
Stressfaktor und Zeitkiller: Hoch, weil du täglich neue Filter ausprobieren kannst und andere dir Snaps schicken

WIE FUNKTIONIERT SNAPCHAT?

Durch Ausprobieren findest du die wichtigsten Funktionen bei Snapchat leicht heraus. So sieht der Startbildschirm aus, wenn du dich angemeldet hast.

Blitz an/aus
Mit Blitzlicht kannst du im Dunkeln Fotos aufnehmen.

Suchen
Nach Personen suchen

Kamerawechsel
Hier wechselst du zwischen der Innenkamera für Selfies und der Außenkamera, mit der du andere Personen oder Dinge fotografierst.

Auslöser
Drückst du kurz darauf, schießt du ein Foto. Hältst du den Auslöser länger gedrückt, nimmst du ein Video auf. Du kannst während der Aufnahme zoomen: Fahre dabei mit dem Daumen auf und ab.

Benachrichtigung
Zeigt an, ob dir jemand einen Snap geschickt hat. Verschiedene Nachrichtenarten haben unterschiedliche Farben.

Storys
Hier kannst du dir Fotogeschichten der anderen ansehen.

- 🟪 Jemand hat dir ein Video geschickt.
- 🟥 Jemand hat dir ein Foto geschickt.
- 🟦 Jemand hat dir geschrieben.
- ➡ Du hast gerade einen Snap geschickt.

Tipp: Bitmojis
Lade dir die App Bitmoji herunter. Dann wirst du selbst zu lustigen Emojis (sprich: Emotschis), die du innerhalb von Snapchat einsetzt.

Lenses: mit Filtern lustige Quatschbilder erstellen

Die Lenses erscheinen nur, wenn du sie aktivierst. Das geht so: Du oder jemand anderes schaut in die Kamera. Tippe auf das Gesicht und die Lenses erscheinen. Wähle jetzt einen Filter aus.

Lenses

Schneide einen Teil aus deinem Snap aus und mache einen eigenen Sticker daraus, um andere Snaps damit zu verzieren.

Damit verwirfst du deine Aufnahme.

Hier schreibst oder malst du handschriftlich mit unterschiedlichen Farben.

Über den Kasten kommst du zu den Emojis. Füge welche hinzu und ziehe sie auf, falls du sie vergrößern möchtest.

Hier kannst du Text schreiben, ihn vergrößern und farblich verändern. Schreibe ein Wort auf das Bild. Um es zu vergrößern, tippe auf T. Um die Buchstaben einzufärben, tippst du jetzt auf die Farbskala und suchst dir eine Farbe aus.

Stelle ein, wie lange andere deinen Snap ansehen können.

Tippe auf den Pfeil und speichere so deinen Snap auf deinem Gerät.

Füge deinen Snap deiner Story hinzu. Mehr über die Story-Funktion erfährst du auf Seite 14.

Über diesen Pfeil gelangst du auf die Auswahlliste deiner Freunde. Suche diejenigen aus, mit denen du den Snap teilen möchtest. Versendest du deine Snaps immer an dieselben Leute, kannst du auch eine Gruppe erstellen. Dann wählst du die Gruppe aus und der Snap wird an alle Gruppenmitglieder versandt.

Mit dem Finger wischen wird „swipen" (sprich: sweipen) genannt. Hier siehst du, was du findest, wenn du das Swipen in alle Richtungen ausprobierst.

DER CHAT

Schreibe Nachrichten, videotelefoniere oder setze die schrägen Sticker oder Emojis ein. Gesendete Nachrichten verschwinden ebenfalls, außer du speicherst sie, indem du auf sie tippst und gedrückt hältst.

STORYS

In einer Snapstory postest du Fotos und Videos, die alle Freunde sehen können. Außer du beschränkst den Kreis vorher, indem du aus der Liste bestimmte Freunde auswählst. Nach 24 Stunden ist alles verschwunden, falls du es nicht vorher selbst gelöscht hast. Du kannst mehrere Fotos und Videos in die Story posten. Sie werden dann nacheinander abgespielt. Über „Meine Story" kannst du deine eigene Story ansehen. Hier findest du unter anderem Beiträge von Zeitungen, Magazinen und Fernsehsendern.

MEM ORYS

Mit Memorys lassen sich alle gespeicherten Snaps und andere Aufnahmen auf einen Blick ansehen und verschicken. Swipe, um zu den verschiedenen Bildern zu kommen.

> **Stars bei Snapchat**
> Stars sind bei Snapchat meist unter einem Spitznamen. Um rauszufinden, ob dein Star dabei ist, gib seinen Namen und Snapchat in eine Suchmaschine ein.

Hier geht's zu den Einstellungen.

HINZUFÜGEN UND EINSTELLUNGEN

Da manche Snapchatter nur unter ihrem Spitznamen zu finden sind, ist das Hinzufügen (Adden) von Freunden nicht immer einfach. Triffst du aber einen Freund persönlich, addest du ihn, indem du mit deiner Handykamera den Snapcode (den Geist) des Freunds abfotografierst. Dann öffnet sich das Profil deines Freundes. Er kann dich jetzt adden oder ablehnen.

Deine Kontakte auf Snapchat

Der Geist funktioniert hier wie ein Bilderrahmen: Du kannst darin ein Video von dir mit vielen verrückten Gesichtsausdrücken aufnehmen. Unter dem Geist trägst du deinen Spitznamen ein.

WHATSAPP: DEIN KOMMUNIKATOR

Der Name WhatsApp geht auf ein Wortspiel aus „Whats up?" („Was gibt's Neues?") und „App" zurück. Mit dieser App kannst du Texte, Sprachnachrichten und Fotos versenden. Viele Nachrichten werden einfach zum Spaß verschickt oder um in Kontakt zu bleiben. Mit WhatsApp triffst du aber auch Absprachen, zum Beispiel wer welchen Teil eines Referats bearbeitet.

WhatsApp-Gruppen in der Schule

In WhatsApp-Gruppen stimmen sich Schüler über Hausaufgaben oder Klassenarbeiten ab. Richtet diese Gruppen aber nur ein, wenn alle einverstanden sind. Falls ihr euch für eine WhatsApp-Gruppe entscheidet, helfen diese Regeln:

1. Wählt zwei „Sheriffs", ähnlich wie die Klassensprecher. Sie passen auf, dass alle die Regeln einhalten, und informieren den Klassenlehrer bei Schwierigkeiten.
2. Legt fest, dass sich alle in der Gruppe kurz fassen. Wer was Längeres schreiben will, schickt besser eine E-Mail.
3. Wer dreimal Mist baut, fliegt raus.

4. Seid sparsam mit Emojis.
5. Keine Angebereien oder Bilder vom letzten Strandurlaub.
6. Keine Nachrichten nach 19 Uhr.
7. Keinen Streit. Streit nur persönlich und außerhalb des Klassenchats klären.
8. Immer schön freundlich sein. Keine Beleidigungen.
9. Vermeidet Links und Bildchen, die nichts mit dem Thema zu tun haben
10. Alle schalten die blauen Häkchen aus (siehe Seite 23).

Steckbrief WhatsApp
Geboren: 2009, kostenlos, gehört Facebook
Alter: Erlaubt ab 13 Jahren
Kennzeichen: Logo mit dem Hörersymbol
Läuft auf: Smartphones für Windows, Android und iOS. Auch am PC, wenn ein Smartphone in unmittelbarer Nähe liegt
Kann: Text- und Sprachnachrichten, Fotos und Videos mit kleinen Effekten, Telefonie und Videotelefonie, GIFs
Wird genutzt von: Kindern, Jugendlichen und Erwachsenen
Können mich Fremde kontaktieren: Nein, es sei denn, sie haben deine Mobilnummer
Andere blockieren: Ja, unter „Einstellungen" und dort unter „Account" bei dem Punkt „Datenschutz"
Löschen: Bilder und Nachrichten löschst du nur bei dir, andere können sie auf ihrem Smartphone aber immer noch sehen
Konto löschen: Ja, unter „Einstellungen" und dort unter dem Punkt „Account"
Meldefunktion bei Problemen: Nein
Stressfaktor und Zeitkiller: Sehr hoch, vor allem, wenn du in Gruppen bist

IMMER SCHÖN APPCHECKEN

WhatsApp nutzt die Telefonnummern auf deinem Smartphone: Sobald du dich anmeldest, findest du alle Kontakte aus deinem Telefonbuch, die ebenfalls WhatsApp verwenden.
Beim Nutzen der App solltest du auf ein paar Dinge achten.

PROFILBILD
Du kannst ein Profilbild von dir zeigen, musst es aber nicht. Es reicht auch ein Foto von deinem Haustier oder irgendetwas anderes. Denk dran, dass alle deine Kontakte dieses Bild sehen können.

STANDORT SCHICKEN
Diese Einstellung ist sehr praktisch, wenn du etwa von deinen Eltern abgeholt werden möchtest, aber gerade nicht weißt, wo du eigentlich genau steckst. Schicke nur deiner Familie oder guten Freunden deinen Standort.

ANFRAGEN VON FREMDEN
Jemand ist irgendwie an deine Nummer gekommen und schreibt dir, du kennst ihn aber gar nicht? Beachte die Nachricht nicht. Kennst du die Person hinter der fremden Nummer doch, prüfe, ob du Kontakt zu ihr haben möchtest. Wenn du unsicher bist: Lass es sein!

VORSICHT, FALLE!

Manchmal bekommst du von deinen Freunden oder anderen Kontakten Apps empfohlen, die neue WhatsApp-Funktionen versprechen – angeblich. In Wirklichkeit stammen diese Nachrichten von Hackern, die dich auf eine Webseite locken wollen: Plötzlich hast du dort versehentlich einen Vertrag abgeschlossen und sollst zwei Jahre lang monatlich für etwas bezahlen, das du gar nicht haben willst. Klingeltöne zum Beispiel. Über so einen Link kannst du dir auch einen fiesen Virus auf dein Smartphone laden, der ihm Schaden zufügt. Also: Finger weg!

GEWINNEN? VON WEGEN!

Von Freunden oder anderen Kontakten kommt eine Nachricht mit einem Link und dem Hinweis, dass du einen 200-Euro-Gutschein gewonnen hast. Auch das ist Betrug. Gleich löschen. Nicht weiterleiten. Deine Freunde sind selbst drauf reingefallen.

KETTENBRIEFE

Sobald du in einer Nachricht aufgefordert wirst, sie an viele andere weiterzuleiten, lösche sie. Meistens drohen diese Kettenbriefe mit einem großen Unglück. Der unbekannte Verfasser möchte möglichst vielen Leuten Angst machen. Warum, weiß niemand.

> **Sicherheitstipp**
> Bei WhatsApp kann jede Nachricht von dir weitergeleitet werden, ohne dass du das merkst. Denk also gut nach, bevor du lostippst. Lästereien können zum Beispiel blitzschnell bei der Person ankommen, über die du gelästert hast.

WIE FUNKTIONIERT'S?

WhatsApp ist sehr übersichtlich. Es gibt aber immer wieder Veränderungen und Neues. Aussehen und Funktionen von WhatsApp können sich zudem je nach Smartphone etwas voneinander unterscheiden. Lass dich nicht verwirren. Hier kommen die Grundlagen:

Chat speichern oder löschen.

Lege in einer Liste fest, wem du die gleiche Nachricht schickst.

Über „Status" teilst du Bilder und Videos, die nach 24 Stunden wieder verschwinden. Du legst zuerst fest, wer sie sehen darf und wer nicht. Auf die Bilder und Videos kannst du schreiben, malen und Emojis ziehen. Kommt dir bekannt vor? Kein Wunder, WhatsApp hat sich diese neue Funktion von Snapchat abgeschaut.
Früher bestand der Status aus einer von dir gewählten Botschaft (z. B. „Nutellabrot forever"). Weil sich die Nutzer nach dem Wegfall beschwerten, gibt es nun auch den alten Status wieder.

Über den Hörer kommst du zu deinen letzten WhatsApp-Anrufen.

Über das Kamera-Symbol wechselst du in den Kameramodus. Du kannst jetzt Fotos oder Videos aufnehmen und verschicken.

— Einen Chat beginnen.

— Eröffne eine Chat-Gruppe.

— Tippst du auf einen Namen, gelangst du zu alle Nachrichten, die ihr euch geschickt habt.

Tippst du jetzt auf das Hörersymbol, erscheint die Liste deiner WhatsApp-Kontakte. Willst du einen Kontakt anrufen, wähle seinen Namen an.

Hier geht es zu deinen Unterhaltungen und WhatsApp-Gruppen (Chats, Sprachnachrichten).

Wichtig: Hier legst du die Sicherheitseinstellungen fest.

WAS GEHT IM CHAT?

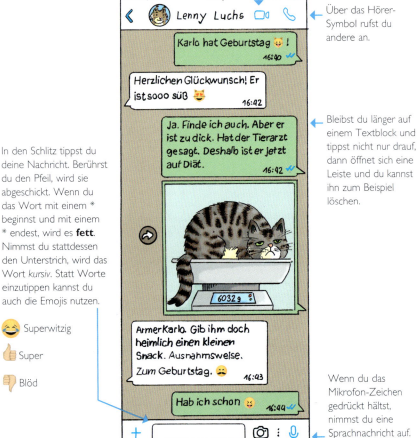

Über die Filmkamera telefonierst du mit Bild (Videotelefonie).

Über das Hörer-Symbol rufst du andere an.

Bleibst du länger auf einem Textblock und tippst nicht nur drauf, dann öffnet sich eine Leiste und du kannst ihn zum Beispiel löschen.

In den Schlitz tippst du deine Nachricht. Berührst du den Pfeil, wird sie abgeschickt. Wenn du das Wort mit einem * beginnst und mit einem * endest, wird es **fett**. Nimmst du stattdessen den Unterstrich, wird das Wort *kursiv*. Statt Worte einzutippen kannst du auch die Emojis nutzen.

😂 Superwitzig

👍 Super

👎 Blöd

Wenn du das Mikrofon-Zeichen gedrückt hältst, nimmst du eine Sprachnachricht auf.

Über das Pluszeichen leitest du Dokumente, Fotos, einen Kontakt oder deinen Standort weiter.

Über das Kamera-Symbol nimmst du ein Foto oder Video auf, um es der gerade ausgewählten Person zu senden.

Tipp: Benutze die Videotelefonie am besten nur im WLAN, sonst schmilzt dein Guthaben für Internet in deinem Mobilfunkvertrag schnell dahin. Im Ausland schützt du dich vor möglichen Kostenfallen, wenn du über WLAN und WhatsApp telefonierst.

Schickt dir jemand ein Foto, leitest du es über diesen Pfeil an andere Freunde weiter.

Gegen den Stress

WhatsApp allein stresst nicht. Die Freunde sind es, die Druck machen. Etwa wenn du nicht sofort antwortest, obwohl du gerade ihre Nachricht gelesen hast. Auf WhatsApp sieht der andere, ob du die Nachricht gesehen hast oder wann du zum letzten Mal online warst. Beides lässt sich aber ausschalten. Dann siehst du allerdings auch nicht mehr, wann die anderen online sind und ob sie deine Nachrichten gelesen haben.

So geht's:

Du tippst auf „Einstellungen", von dort gehst du auf „Account" (Konto) und dort wiederum auf „Datenschutz".
Hier änderst du Folgendes:

- Die Lesebestätigungen (blaue Häkchen) abschalten.
- Die „Zuletzt online"-Anzeige entfernen oder zumindest auf „Meine Kontakte" beschränken.

INSTAGRAM: DEIN FOTO-STYLE

Instagram ist eine App, mit der du Fotos und Videos mit dem Smartphone aufnehmen und bearbeiten kannst, um sie dann im Instagram-Netzwerk zu posten.

In deinem öffentlichen Konto dürfen alle Instagram-Nutzer deine Bilder kommentieren und sie mit Likes (Herzen) bewerten. Je mehr Herzen du bekommst und je mehr Instagramer dir folgen (deine Follower), desto größer ist die Anerkennung.
Der große Reiz an der App ist es, Bilder mit seinen Freunden zu teilen und zu sehen, wie sie bei ihnen ankommen.

Sicherheitstipp:
Damit Fremde deine Beiträge nicht sehen, gib unter „Einstellungen" „Privates Konto" an. Wenn du dann Bilder oder Videos postest, sehen das nur deine Follower.

Wenn du ein öffentliches Konto hast, gerätst du so allerdings auch mit fremden Menschen in Kontakt. Wichtig ist, dass du keinen Fremden schreibst oder dich zu einem Treffen einladen lässt. Überlege dir außerdem vor dem Posten eines Bilds, ob du es überhaupt einem großen Kreis zeigen möchtest. Denke daran, dass du nicht weißt, was mit deinen Bildern im Netz passiert und was andere zu den Bildern schreiben.

Steckbrief Instagram
Geboren: 2010, kostenlos, wurde 2014 von Facebook gekauft
Alter: Erlaubt ab 13 Jahren
Kennzeichen: Logo mit der Kamera
Läuft auf: Smartphones für Windows, Android und iOS. Auch am PC, da kannst du aber in der Regel nur schauen, nicht posten
Kann: Fotos und Videos mit Effekten, Chat
Wird genutzt von: Kindern, Jugendlichen und Erwachsenen
Können mich Fremde kontaktieren: Ja, sei also vorsichtig. Keine Verabredungen mit Fremden!
Andere blockieren: Möglich
Löschen: Möglich, aber nur eigene Bilder
Konto löschen: Ja, das geht auf der Webseite von Instagram
Meldefunktion bei Problemen: Ja, über „Ein Problem melden" in „Einstellungen", fiese Bilder können ebenfalls gemeldet werden
Stressfaktor und Zeitkiller: Sehr hoch, weil immer neue Bilder gepostet werden, durch die du endlos blättern kannst

FOLLOWER GEWINNEN

Um einen Freund als Follower zu gewinnen, musst du erst ihm folgen und so signalisieren, dass du bei Instagram bist. Wenn er möchte, kann er dir dann auch folgen.
Gib zunächst die jeweiligen Namen in der Suchleiste ein (Lupe). Erscheint dein Freund in den Suchergebnissen, tippst du auf seinen Namen. Jetzt darfst du deinem Freund folgen. Instagram durchsucht auch deine Kontakte auf dem Smartphone, wenn du das so einstellst. Und bei Facebook, falls du dort angemeldet bist.

STICHWORT #HASHTAG

Es gibt einen Trick, wie du mit einem Foto möglichst viele Instagramer erreichst: Du versiehst dein Bild mit einer Reihe von passenden Wörtern, denen jeweils ein # vorgesetzt wird. Die Kombination aus # und dem Wort wird Hashtag (sprich: Häschtäk) genannt. Wer bestimmte Fotos sehen möchte, der gibt einen geeigneten Suchbegriff ein. Hast du ein öffentliches Profil und diesen Begriff bei deinem Bild angegeben, kann er es finden und dir künftig auf Instagram folgen. Wenn du mehrere Begriffe verwendest, erreichst du so mehr Menschen. Bereits während

du den ersten Begriff mit einem # vorweg eintippst, zeigt dir Instagram, welche Hashtags besonders viele Beiträge haben, weil sie besonders viele Instagramer interessieren. Das erhöht dann die Chancen, mehr Follower zu erhalten.

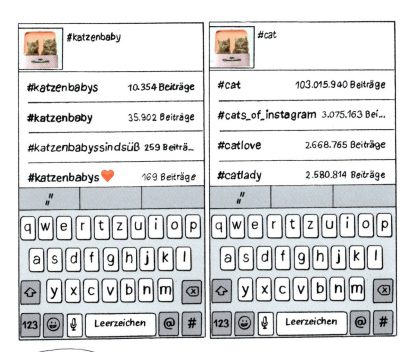

#Katze oder #cat? Mit englischen Begriffen erreichst du mehr Menschen, weil viele Leute auf der Welt Englisch können.

WIE FUNKTIONIERT'S?

Instagram war lange Zeit sehr einfach zu bedienen: Foto machen, posten, fertig. Inzwischen gibt es aber mehr Funktionen, die Instagram bei Snapchat abgeguckt hat.

Die Kamera führt zum Story-Modus, der ähnlich ist wie bei Snapchat. Bilder verschwinden auch hier nach 24 Stunden. Sobald du ein Bild aufgenommen hast, kannst du Filter, Texte und Emojis hinzufügen oder mit dem Finger draufmalen.

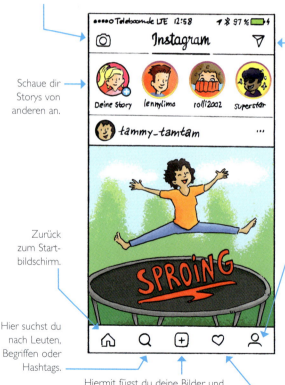

Hier kannst du mit anderen chatten.

Schaue dir Storys von anderen an.

Das Symbol führt zu deinen bisherigen Posts und zu den Einstellungen.

Zurück zum Startbildschirm.

An dieser Stelle findest du deine letzten Benachrichtigungen wie Likes, Kommentare oder auch, wer dir seit Neuestem folgt. Alle Bilder, die du schon gelikt hast, findest du in einer eigenen Galerie wieder, die bislang sehr versteckt unter „Einstellungen" zu finden ist.

Hier suchst du nach Leuten, Begriffen oder Hashtags.

Hiermit fügst du deine Bilder und Videos hinzu. Entweder nimmst du eines aus der Bilderdatenbank deines Smartphones oder du nimmst ein neues auf.

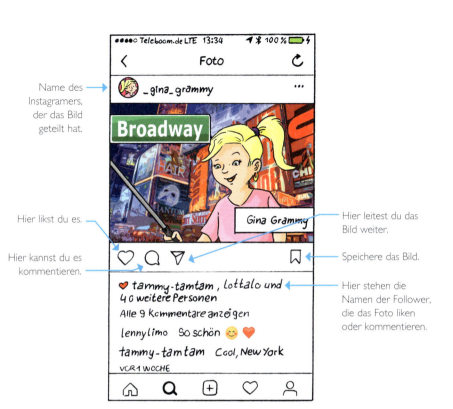

Name des Instagramers, der das Bild geteilt hat.

Hier likst du es.

Hier kannst du es kommentieren.

Hier leitest du das Bild weiter.

Speichere das Bild.

Hier stehen die Namen der Follower, die das Foto liken oder kommentieren.

Stress mit Instagram

Viele stylen sich, um auf ihren Fotos besonders gut auszusehen. Aber das kann stressen. Zum Beispiel, weil du Angst hast, dass die anderen viel besser und perfekter aussehen. Lass dich davon nicht verunsichern und denk dran: Jeder Mensch ist schön, wie er ist.

ACHTUNG, STRESS: ZU VIEL DES GUTEN

Manchmal können Snapchat, WhatsApp und Instagram nerven.

ES WIRD ZU VIEL ...

- wenn du bei der Nutzung nicht merkst, wie die Zeit vergeht, und du eigentlich was anderes machen müsstest.

- wenn du zu anderen Sachen, die du dir vorgenommen hast, nicht mehr kommst.

- wenn dein Akku ständig leer ist, obwohl du das Gefühl hast, kaum etwas mit dem Smartphone zu machen.

- wenn du bei schönen Erlebnissen nur darüber nachdenkst, was sich davon posten oder teilen lässt.

- wenn du dich immer schlechter konzentrieren kannst.

- wenn du wegen einer der Apps die Haltestelle verpasst hast, gegen einen Laternenpfahl gelaufen bist oder so abgelenkt bist, dass du fast überfahren wirst.

- wenn du durchdrehst, weil dein Handy weg oder kaputt ist.

Wenn du zu viel Zeit mit deinem Smartphone verbringst, hilft eine Entgiftungskur, auch Detox (sprich: ditox) genannt. Das ist ein bisschen wie im Urlaub – du kannst aufatmen.

DETOX FÜR ANFÄNGER

- Smartphone beim Nach-Hause-kommen ausschalten und weglegen und erst holen, wenn alle wichtigen Sachen erledigt sind.
- Wenn dich Freunde besuchen, sind die Smartphones nicht mit im Zimmer.
- Beim Lernen und Schlafen Smartphones aus dem Zimmer bringen oder auf Flugmodus schalten.
- Keine Smartphones beim gemeinsamen Essen
- Beim Fernsehen nicht zugleich das Smartphone benutzen.
- Im Restaurant mit den Eltern bleiben Smartphones ausgeschaltet in der Tasche.
- Bis auf den Ton bei Anrufen alle Klingeltöne deaktivieren.

DETOX FÜR FORTGESCHRITTENE

- Verbringe einen oder zwei Wochentage ohne Smartphone oder sogar ohne irgendein Gerät, das einen Bildschirm hat.
- Fordere in der Zeit deine Eltern zum Brettspielen auf oder zum Vorlesen. Oder du gammelst herum und langweilst dich, bis Ideen kommen. Oder du legst einen Sporttag ein.

WAS TUN, WENN'S BRENNT?

Etwas Peinliches oder Blödes kann jedem zu jeder Zeit passieren. Jemand verbreitet Lügen über dich oder veröffentlicht ein gemeines Foto? Dann kannst du Folgendes unternehmen:

- Hole deine Eltern und zeige ihnen, was geschehen ist, damit ihr gemeinsam überlegen könnt, was ihr dagegen am besten unternehmt.

- Mach von dem Bild oder dem gemeinen Kommentar mit deinem Smartphone einen Screenshot. Dann hast du Beweise, falls ihr zur Polizei geht.

- Bei Snapchat und WhatsApp kannst du Probleme auch melden. Manchmal löschen diese Dienste dann die unangemessenen Posts.

> Diese Adressen helfen dir mit Infos oder Rat weiter:
> www.jugendschutz.net
> www.klicksafe.de
> www.nummergegenkummer.de
> Oder wähle die kostenlose Telefonnummer 0800 111 0333 und lass dich von Fachleuten beraten. Du kannst auch anonym eine Mail schreiben, wenn du dich auf der Seite angemeldet hast.